KORALLENRIFFE

FREDERICK WOODWARD

KORALLEN-RIFFE

GONDROM

Lizenzausgabe für Gondrom Verlag GmbH, Bindlach 1998

Titel der Originalausgabe: »Coral Reefs«
Übersetzung aus dem Englischen: Margot Wilhelmi

ISBN 3-8112-1590-6

DANKSAGUNG:
Der Autor und Herausgeber dankt Stephen Small für die Redaktion, Design 23 für die Bildgestaltung und Suzanne O'Farrell für die Bildredaktion.

BILDTEXTE:
1 Ein leuchtend gelber Haarstern im Marion-Riff.
2 Im ausgedehnten Korallenriff von Ras Mohammed im Roten Meer wirken die beiden Taucher im Bildvordergrund verschwindend klein.
3 Ein irdisches Paradies. Aus dem glitzerndem Türkis des tropischen Korallenmeeres erhebt sich diese traumhafte, palmenbestandene Seychelleninsel.
4 Golden funkelt dieser Kaiserfisch im Licht des Fotografen vor dem Hintergrund des blauen Meeres über einem tropischen Korallenriff.
5 Nur wenige Menschen können solch einen Anblick vor Ort erleben. Dennoch sollte die Erhaltung der Riffe uns allen ein Anliegen sein.

BILDNACHWEIS:
Bruce Coleman Ltd.: David Austen S. 122/123; Nicholas Devore S. 114/115; Michael Glover S. 111; Charles & Sandra Hood S. 51; Jon Kenfield S. 17; Barry Mayes S. 121; John Murray S. 52; Fritz Prenzel S. 112/113; Nancy Sefton S. 11, 12/13, 14, 15, 16; Cliff Threadgold S. 120; Bill Wood S. 1, 127.
Martin Edge: S. 35, 37, 45, 55, 56, 59, 66, 77, 78, 117.
Lifefile: Sally Anne Fison S. 91, 96/97; Bob Harris S. 92/93; Emma Lee S. 126; Lionel Moss S. 94; Richard Powers S. 95; Ron Williamson S. 40, 124/125.
Linda Pitkin: S. 2, 4, 5, 18/19, 22/23, 25, 28, 29, 30/31, 34, 36, 38, 39, 42/43, 48, 50, 53, 54, 57, 58, 60, 61, 62, 63, 65, 67, 68, 69, 70, 71, 72, 73, 74/75, 76, 80/81, 83, 100/101, 103, 110.
Elizabeth Wood: S. 3, 20, 21, 24, 26, 27, 32, 33, 41, 44, 47, 49, 64, 79, 84/85, 86, 87, 88, 89, 90, 99, 102, 104/105, 106, 107, 108, 109, 116, 118/119, 128.

INHALT

EINFÜHRUNG

Korallenriffe: Bei diesem Wort denken wir unwillkürlich an warme, tropische Meere, in denen es von leuchtendbunten und auch bizarren Fischen, Korallen, Muscheln und Schnecken wimmelt. Was die Regenwälder für das Festland darstellen, das bedeuten die Korallenriffe für das Meer, denn sie beherbergen eine unvorstellbare Vielfalt an Meerestieren und -pflanzen in den unterschiedlichsten Größen, Formen und Farben.

Allein bei den stockbildenden Steinkorallen, die das Riff aufbauen und prägen, findet man eine Fülle von Formen und Farben, und selbst innerhalb einer Art gibt es eine große Variationsbreite. Verantwortlich für die Unterschiede sind Umwelteinflüsse wie Gezeiten, Wasserqualität und Nahrungsangebot.

In der vielfältigen Lebensgemeinschaft des Riffs gibt es erstaunliche Wechselbeziehungen zwischen unterschiedlichen Lebewesen. So leben manche Fische oder Weichtiere in einer engen Lebensgemeinschaft mit bestimmten Korallenarten. Auch das macht das Korallenriff zu einem besonders faszinierenden Mosaiksteinchen im großen, komplexen Bild unserer Erde.

Zu allen Zeiten wurden Menschen von Korallen angezogen, wenngleich sie ihnen rätselhaft erschienen. Früher hielt man diese Wasserwesen aufgrund ihrer statischen Lebensweise und ihrer bunten blütenartigen Polypen irrtümlich für Pflanzen.

Daß es sich bei diesen Lebewesen aber um Tiere handelt, zeigte 1755 erstmals der englische Naturforscher John Ellis, der sich mit lebenden Korallen vor Westflorida und Dominica beschäftigte. Seine Ergebnisse legte er in seiner Geschichte der Zoophyten nieder, die aber erst 1786, nach Ellis' Tod, von Daniel Solander veröffentlicht wurde. In diesem Werk wurden u.a. Korallen beschrieben, die 1768 bis 1771 auf Kapitän James Cooks erster Australien- und Südseereise gesammelt worden waren. Einige dieser alten Korallenstücke sind noch heute eine Besucherattraktion, und zwar im William-Hunter-Museum der Universität von Glasgow.

Nach Cooks Entdeckung Australiens und seiner Korallenriffe rätselten die Gelehrten über die Entstehung der Riffe. So vermutete der französisch-deutsche Dichter und Naturforscher Adelbert von Chamisso 1818, daß viele Riffe und Inseln von Korallen gebildet werden, die bis zur Meeresoberfläche wachsen, dann aber ihr Wachstum einstellen, weil sie außerhalb des Meerwassers nicht überleben können. An den Rändern unter Wasser würden die Riffe weiterwachsen, während sie im Zentrum absterben und verwittern. So erklärte er die Entstehung einer von einem Korallenatoll umgebenen zentralen Lagune. 1825 vermuteten die Franzosen Quoy und Gaimard erstmals einen Zusammenhang zwischen Vulkanismus und Atollbildung.

Charles Darwin beschäftigte sich auf seinen Reisen an Bord der HMS Beagle (1831–1836) auch mit Korallenriffen. Er formulierte 1835 die Hypothese, daß Atolle ihren Ursprung als Saumriff haben, das sich im Umfeld einer Vulkaninsel bildet. Wenn die Insel dann aufgrund weiterer Erdbewegungen absinkt, kann aus dem Saumriff ein Wallriff werden. Voraussetzung aber ist, daß die Insel relativ langsam absinkt, so daß das Korallenwachstum dagegenhalten und das Riff weiter aufstocken kann. Ist die Insel schließlich ganz im Meer versunken und das Riff hat sich weiter erhoben, bleibt ein rundes bis elliptisches Atoll.

Sir John Murray reiste 1874–1876 als Chefbiologe auf der HMS Challenger. Er vertrat später die Ansicht, daß Korallen sich auch auf den höheren Gipfeln untermeerischer Bergketten ansiedeln können, die durch Ablagerung von Oberflächensedimenten den Korallen eine Tiefe gewährleisten, in der ihr Wachstum gerade noch möglich ist. Neuerliche bei Ölbohrungen gewonnene Ergebnisse legen nahe, daß wahrscheinlich alle der oben angeführten Vorgänge bei der Riffbildung eine Rolle spielen.

Alle heutigen Riffe der Erde finden sich in relativ flachem Wasser. Einige sind jedoch mehrere hundert Meter hoch, weil der Meeresboden in etwa der Rate gesunken bzw. der Meeresspiegel so weit gestiegen ist, wie die Korallen durch ihr Wachstum das Riff aufbauten.

Da das Korallenwachstum je nach Temperatur, Reinheit und Nährstoffgehalt des Wassers zwischen fünf Zentimetern und zwei Metern pro Jahr schwankt, kann man schließen, daß manche ältere Riffe 10000 bis 30000 Jahre brauchten, um ihre heutige Größe zu erreichen.

Die heutigen Korallenriffe lassen sich in vier Grundtypen einteilen: Saumriffe, Wallriffe (auch Barriereriffe genannt), Atolle und Korallenbänke. Saumriffe treten normalerweise in Flachmeeren, etwa einen halben bis einen Kilometer vor der Küste, auf und verlaufen als schmales Band parallel zur Küstenlinie, von der sie durch stille Lagunen getrennt sind. Diese Riffe sind relativ jung und weisen besonders viele lebende Korallen an der zum offenen Meer weisenden Seite auf.

Wallriffe verlaufen ebenfalls mehr oder weniger parallel zur Küste, sind aber meist älter. Sie liegen bis zu sechs Kilometer vor der Küste, und oft befinden sich kleine Inseln, Saumriffe und Korallenbänke zwischen diesem äußeren Riffwall und der Küste.

Atolle entstehen nur in tieferem Wasser. Sie sind in der Regel rund und an den äußeren Hängen eines versunkenen Vulkangipfels entstanden.

Korallenbänke schließlich sind flachrückig und bilden sich in der Regel auf untermeerischen Tafelbergen. Man findet sie in flachem Wasser ab etwa 1,50 m Wassertiefe, aber auch in größeren Tiefen. Meist läßt sich ein Riff nicht einem einzigen Typus zurechnen, sondern stellt eine Kombination aus mehreren dar.

Korallen und die aus ihren Kalkskeletten entstandenen Riffe sind weitaus älter als die Menschheit. Ihre frühen Vorfahren bilden einen nicht unerheblichen Teil der Fossilfunde aus Kambrium, Silur und Karbon – Zeiten der Erdgeschichte vor über 500 Millionen Jahren.

Weil alle heutigen Korallen Meerestiere sind und vorwiegend in tropischen Meeren vorkommen, nimmt man an, daß die Meere dieser erdgeschichtlichen Perioden ähnliche Bedingungen hinsichtlich Klima und Temperatur boten. Allerdings gibt es auch außerhalb der tropischen Meere Korallen. So kommen beispielsweise die einzeln lebenden Nelkenkorallen (Gattung *Caryophyllia*) im Litoral vor (unter Litoral versteht man den Teil der Küste, der zwischen der Hochwasser- und der Niedrigwassermarke liegt, mit anderen Worten die Gezeitenzone), während die koloniebildende Augenkoralle *(Lophelia)* in tieferen Regionen kühlerer Gewässer des Mittelmeeres und Atlantiks beheimatet ist.

Die meisten Korallen aber vertragen auf Dauer keine Wassertemperaturen unter 20 °C und sind daher auf tropische Meere beschränkt. Einen Grund für den Wärmebedarf stellen symbiontische Algen *(Zooxanthellen)* dar, die im Gewebe der Korallen leben. Die Algen brauchen Licht und Wärme, um durch Photosynthese aus Kohlendioxid und Wasser Nährstoffe für sich und ihre Wirte herstellen zu können. Die mit Algen in Symbiose lebenden Korallen kommen daher bevorzugt in flachen, lichtdurchfluteten Gewässern vor. Sie benötigen möglichst klares Wasser, bei dem keine Sedimente das einfallende Licht abschwächen und das Korallenwachstum ersticken.

Andere Arten wie die Augenkoralle *(Lophelia pertusa)*, welche vor der Nordostküste Schottlands und vor Irland „Riffe" bildet, und die bis zu einen Meter hohe Kolonien bildende Gelbe Koralle *(Dendrophyllia ramea)* aus dem Mittelmeer und dem Atlantik gedeihen bei kühleren Temperaturen. Ihre Polypen ernähren sich ausschließlich von organischen Schwebstoffen aus dem Wasser, und weil sie kein Licht zum Leben brauchen, existieren sie hauptsächlich in größeren Tiefen.

Da sich an den Korallenriffen Fische und andere Meerestiere ansiedeln, stellen die Korallenriffe ein schier unerschöpfliches Nahrungsreservoir für Mensch und Tier gleichermaßen dar. Fast ein Fünftel aller Nahrung aus dem Meer kommt von den Korallenriffen und ihren angrenzenden Gebieten, und wenn man bedenkt, daß etwa 60 Prozent der Weltbevölkerung nur bis zu 60 km von der Küste entfernt leben, dann kann man in etwa die Bedeutung dieser Lebensräume als Nahrungsquelle für den Menschen ermessen.

Weiterhin dienen Korallenriffe, wie auch die Mangroven-Sümpfe und Marschen flacher Küsten, als Sturmbarriere. Sie bremsen die Gewalt der Wellen und fangen die immensen Energien ab, welche das offene Meer bei Stürmen entlädt.

Leider schwächen und zerstören Umweltverschmutzung und unkontrollierte Ausbeutung eben diese Riffe in zunehmendem Maße. Die Folgen treffen vor allem Tieflandküsten, u.a. Trauminseln wie die Malediven, die auch durch den mit einer globalen Erwärmung einhergehenden Anstieg des Meeresspiegels gefährdet sind. Schon aus diesem Grund sollte der Schutz der Riffe eine Maßnahme von höchster Dringlichkeit darstellen.

Nach dem Zweiten Weltkrieg haben die Menschen durch die stetige Verbesserung der Tauchausrüstung mehr über die Unterwasserwelt herausgefunden, als sie in ihren kühnsten Träumen zu hoffen gewagt hatten. So können wir heute Lebewesen unter Wasser beobachten und filmisch dokumentieren, vom Flachmeer bis zur Tiefsee. Die Ergebnisse und Bilder, die wir so erhalten, führen uns vor Augen, wie ernst die Lage in manchen dieser einst unzugänglichen Regionen der Meere ist. Auf der Grundlage dieser Ergebnisse müssen wir den Schutz dieser äußerst verwundbaren Welt der Korallenriffe vorantreiben, ehe sie irreparabel geschädigt sind.

WAS SIND KORALLEN?

Korallen sind sehr einfach gebaute wirbellose Meerestiere. Anders als die Schwämme aber besitzen sie schon ein einfaches Nervensystem und einen Verdauungsapparat. Wie ihre Verwandten, die Seeanemonen und die Quallen, gehören Korallen im zoologischen System zur Unterabteilung der Hohltiere (*Coelenterata*).

Anders als bei den Quallen treten bei Korallen keine Medusen (quallenartige Schwimmgeneration) mehr auf. Die Polypen (Korallentierchen) können sich durch Sprossung (ungeschlechtlich) vermehren oder auch geschlechtlich fortpflanzen. Wenn die schwimmfähigen Larven einen geeigneten Untergrund gefunden haben, setzen sie sich für immer fest. Seeanemonen sind Einzelpolypen ohne Kalk- oder Hornskelett. Manche Arten erreichen Durchmesser von über einem halben Meter. Hornkorallen wie die Seefächer besitzen polypenfreie hornartige Stiele mit polypentragenden Kielen. Steinkorallen bilden z.T. ebenfalls bäumchenartige Formen, doch sie besitzen Kalk- statt Hornskelette.

Das Kalkskelett der Steinkorallen besteht aus Kalziumkarbonatkristallen, die aus dem Meerwasser gewonnen und in den Epithelzellen des Fußes und der unteren Körperwand des Polypen eingelagert werden. Das kalkige Außenskelett schützt den Korallenpolypen. Bei Gefahr kann er sich in die Schutzhülle zurückziehen.

Solitärkorallen bestehen aus Einzelpolypen, die jeweils eine eigene Schutzhülle besitzen und meist klein sind. Auch die Pilzkorallen (*Fungia*) zählen zu den Einzelpolypen, aber mit Durchmessern von bis zu 25 cm sind sie zweifelsohne die größten. Eine weitere Besonderheit der Pilzkorallen ist, daß sie nicht festwachsen. Die Einzelpolypen koloniebildender Korallen hingegen sind durch ihre Epidermiszellen verbunden, welche die Oberfläche des Korallenskeletts bedecken, auch ihr Verdauungssystem ist verbunden.

Lebende Korallen sind oft bunt gefärbt. Das Farbspektrum reicht von cremeweiß über verschiedene Rot-, Grün- und Brauntöne bis Schwarz. Doch wenn die Polypen absterben, schwindet die Farbenpracht schnell. Zu den Ausnahmen zählt die Orgelkoralle *(Tubipora musica)* mit ihren roten orgelpfeifenartigen Skelettröhren. Ihre Polypen sind grün.

Wenngleich Korallen Fleischfresser sind (sie fangen kleine Tierchen aus dem Meerwasser), haben viele Arten in bestimmten Zellen symbiontische Algen *(Zooxanthellen)* eingelagert. Da die Algen als Pflanzen Licht benötigen, um durch Photosynthese Nährstoffe herstellen zu können, sind die Wirtsarten auf flache, sonnige Gewässer beschränkt. Die Korallen wie auch die Algen können unabhängig voneinander überleben, doch das Zusammenleben bringt Pflanze wie Tier Vorteile, so daß man diese Arten selten für sich allein antrifft.

Eine Welt ohne diese leuchtendbunten Geschöpfe mit ihren außergewöhnlichen, oft fragilen Formen und Ansammlungen wäre unvorstellbar und ein unwiederbringlicher Verlust für die gesamte Menschheit.

11 An der Steilwand eines Riffs in der Karibik bilden Korallen und Schwämme ein farbenprächtiges Mosaik. Über und zwischen den festsitzenden Lebewesen glitzern unterschiedliche Arten bunter Fische wie Edelsteine.

12–13 Vor dem Hintergrund einer großen Hirnkorallenkolonie wachsen verschiedene Hornkorallen (Ellisella) und ein großer, verzweigter roter Schwamm.

14 Das leuchtende Purpur dieser Koralle aus dem Südpazifik beruht auf Farbpigmenten in den Korallenpolypen. Wenn diese absterben, bleibt nur ein bleiches, weißes Skelett.

15 Jahrhunderte hat es gebraucht, bis sich in diesem kleinen Riffbereich eine solche Vielfalt an Meereslebewesen entwickelt hat.

16 *Majestätisch erhebt sich diese Dörnchenkoralle über die Riffkorallen und Schwämme der Karibik. Weil ihr schwarzes Skelett für die Schmuckherstellung beliebt ist, ist sie durch übermäßiges Sammeln leider sehr selten geworden.*

17 *Schleimfische sind ständige Bewohner des Riffs. Dieser hier war besonders schlau, denn er hat sich inmitten einer Korallenkolonie eine kleine Mulde gesucht, die ihm jetzt als ideales Versteck dient. Mit sich und der Welt zufrieden, schaut er keck aus seiner hübschen Behausung, die möglicherweise der Rest einer offenen Muschel ist, um die herum sich diese Hirnkorallen* (Diploria labyrinthiformis) *angesiedelt haben.*

18–19 *Geweihkorallenkolonien* (Acropora) *bilden vor Papua-Neuguinea Riffwälder, in denen Fischschwärme Nahrung in Fülle sowie sichere Zufluchtsorte finden.*

20 Viele Jahrhunderte hat es gedauert, bis diese großen Fingerkorallen (Dendrogyra cylindrus) *in einem Riff der Turks- und Caicos-Inseln (Karibik) ihre jetzige Form und Größe erreicht haben.*

21 Ein Prachtexemplar einer Pilzkoralle (Fungia) *von den Malediven. Solch eine Solitärkoralle kann 20 cm lang werden.*

22–23 Bunt „blühende" Korallen lassen diesen Flachmeerbereich des Roten Meeres vor Ägypten wie einen Unterwassergarten anmuten.

24 Diese Geweihkorallenart (Acropora palmata) *vermag sich zu einem gleichsam undurchdringlichen Gitterzaun zusammenzuschließen. Hier geschehen auf einem Riff vor den Turks- und Caicos-Inseln.*

25 Hornkorallen und Weichkorallen bestimmen das bunte Bild dieses Riffabschnitts im Roten Meer.

26 Bei dieser Blasenkoralle (Plerogyra) aus dem Roten Meer erkennt man die eingesenkten Basalregionen. Dort sitzen symbiontische Algen, welche die Koralle mit zusätzlicher Nahrung versorgen.

27 Diese Feuerkoralle (Millipora sp.) mit ihren ausgefahrenen Polypen ist keine echte Koralle, sondern gehört zu den Hydrozooen. Sie scheidet ein dem der Korallen ähnliches Kalkskelett ab, das für Schnitzereien und bei der Schmuckherstellung Verwendung findet.

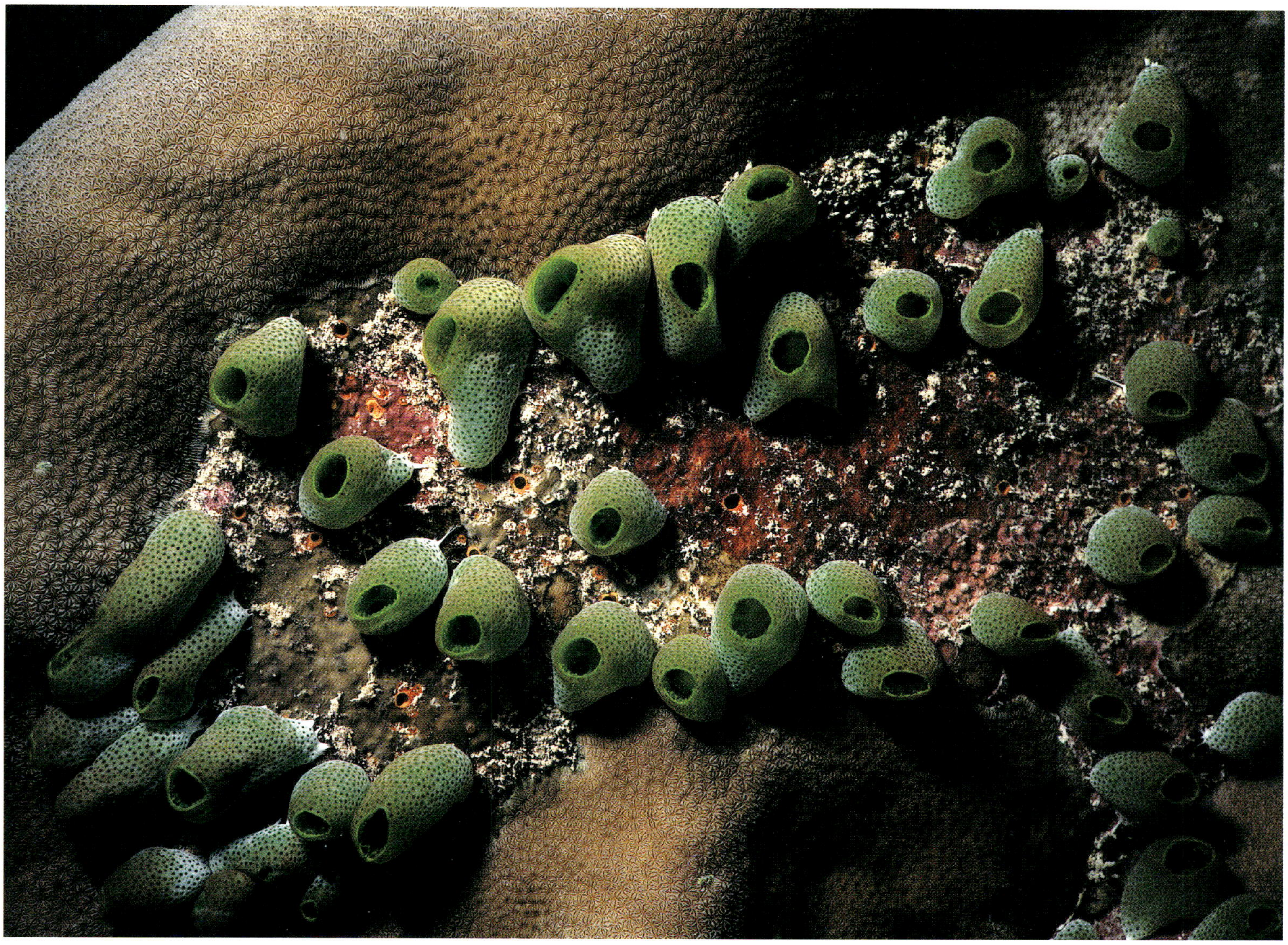

28 Kleine Wunderwerke der Natur. So wirken die „Blasen" einer Blasenkoralle mit ihren symbiontischen Algen in der Vergrößerung. Die „Blasen" am Grunde der Tentakel sind nur bei Tageslicht aufgebläht. Sobald es dunkel wird, fallen sie zusammen.

29 Ein Riff im Südchinesischen Meer: Eine Gruppe grüner Seescheiden (Didemnum molle) *hebt sich deutlich von den riffbildenden Korallen ab, auf denen sie wachsen.*

30–31 Immer wieder atemberaubend ist das fantastische Farbenspiel der Unterwasserwelt. Hier besonders markant durch einen Schwarm leuchtendorangefarbener Rötlinge vor dem brillantenen Blau des Ozeans und dem Grün und Purpur eines Korallenriffs im Roten Meer.

32 Dieses Flachwasserriff vor der Andamaneninsel Tarmugli (Bengalischer Meerbusen) besteht hauptsächlich aus plattenartigen Gebilden verzweigter Baumkorallen. Die Baumkorallen (Acropora) *stellen mit etwa einhundert Arten die größte Gattung der Riffkorallen dar.*

33 Vor den Turks- und Caicos-Inseln ist diese Hirnkoralle (Diploria labyrinthiformis) *zu finden. Die große Ähnlichkeit ihrer äußeren Form mit dem menschlichen Gehirn war namensgebend für diese Koralle, deren Windungen dadurch entstehen, daß die sich teilenden Polypen verbunden bleiben.*

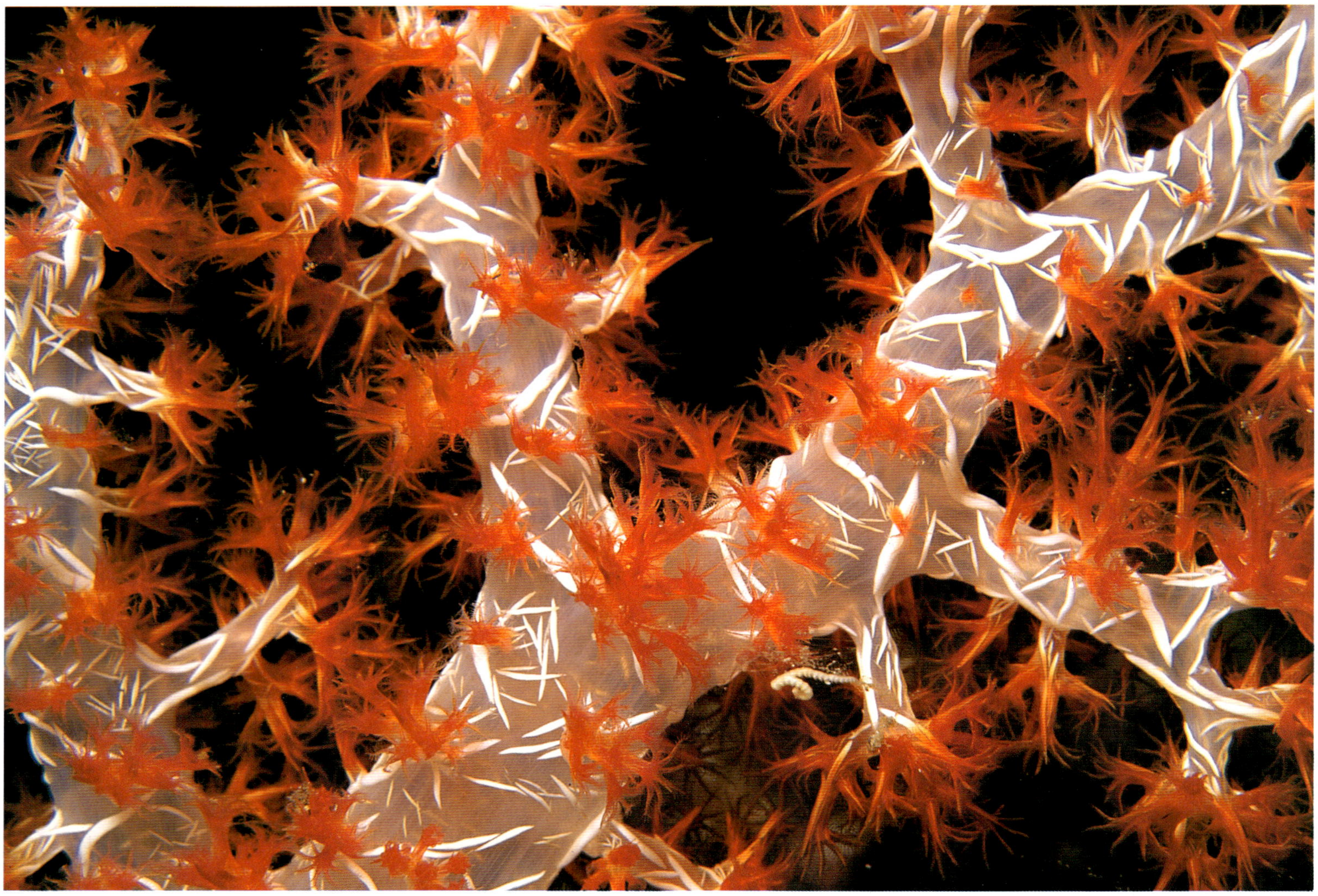

34 Wie farbige Eiskristalle sehen diese leuchtendgefärbten Lederkorallenpolypen aus. Indem die Koralle Meerwasser aufnimmt, dehnt sich die Kolonie um ein Vielfaches aus und gewinnt dadurch eine gewisse Festigkeit. Bei Sturm hingegen geben die Polypen Meerwasser ab, und die Kolonie fällt in sich zusammen, um den tosenden Wellen möglichst wenig Widerstand zu bieten.

35 Am Fuße einer großen Weichkoralle sammeln sich Schwärme bunter Fische. Weich- oder Lederkorallen können fast zwei Meter hoch werden.

36 Eine Nahaufnahme der zarten Polypen einer Weichkoralle von den Sipadanriffen vor Borneo (Malaysia) beim Nahrungseinstrudeln.

37 Zarte, streifenartige Tentakel durchkämmen die Meeresströmung nach Nahrung. Die Tentakel besitzen Nesselzellen. Daraus ausgeschleuderte Nesselfäden lähmen kleine Fische oder Wirbellose, wodurch diese zur leichten Beute werden.

38 Ausladende Venusfächer in der Stille einer geschützten Riffspalte im Roten Meer. Diese Hornkorallenkolonien können fast zwei Meter hoch werden.

39 Für den Laien gleichen diese pastellenen Tentakelkränze denen eines Blumentieres, doch es handelt sich um eine Schraubensabelle, einen Röhrenwurm, der auf ähnliche Weise wie die Korallenpolypen Nahrung einstrudelt. Röhrenwürmer gehören wie unser Regenwurm zu den Ringelwürmern (Anneliden).

40 Die Meere vor Großbritannien mögen nicht die Formenvielfalt eines tropischen Riffs aufweisen, doch auch hier findet man bunte Schönheiten wie diese rosarot-grünen Juwelenanemonen vor der Küste von Devon.

41 Durch das leuchtendrote filigrane Netz eines Hornkorallenskeletts schweift der Blick ins tiefe Blau des Roten Meeres. Bei genauerem Hinsehen kann man die winzigen, weißlichen Polypen erkennen.

42–43 Bunte Fische tummeln sich über den Riesenaktinien (Seeanemonen) eines Korallenriffs der Malediven.

44 Ein großer Becherschwamm hat auf einem Riff der Turks- und Caicos-Inseln die Spitze einer Korallenkolonie umwachsen. Man nimmt an, daß Schwämme die Korallenstücke zusammenhalten und so für zusätzliche Stabilität des Riffs sorgen.

45 Wie roter Samt leuchtet der Fuß dieser beeindruckenden Riesenaktinie, vor deren Kulisse sich ein Clownfisch (Amphiprion percula) *sichtbar wohl fühlt. Als Verwandte der Korallen bieten Seeanemonen im Indischen und Pazifischen Ozean den Clownfischen Schutz und Unterschlupf. Jedoch ist es der Wissenschaft bis heute ein Rätsel, warum diese Fische von den hochgiftigen Tentakeln ihrer Wirtstiere nicht gestochen werden.*

DAS LEBEN IM RIFF

Korallenriffe sind die wohl vielfältigsten und artenreichsten Ökosysteme des Meeres. Jeder Winkel des Riffs dient einem Tier oder einer Pflanze als Lebensraum. Schätzungsweise lebt ein Drittel aller Fischarten in Riffen. Dort finden sie Nahrung und Zuflucht oder eine geschützte Kinderstube.

Gebildet werden die Riffe meist von den Korallen selbst. Dabei spielt das im Wasser treibende Plankton eine große Rolle, denn Plankton besteht aus winzigsten Teilchen, die sowohl pflanzlicher als auch tierischer Art sein können. Von diesen tierischen Kleinstlebewesen wiederum sind die meisten winzige Larven, die sich im Wasser treiben lassen, bis sie eine harte Unterlage finden, auf der sie sich niederlassen können. Das kann ein Stein, ein abgestorbener Korallenstock, aber auch ein gesunkenes Schiff sein. Sobald das kleine Korallentierchen erst einmal Fuß gefaßt und sich in einen Polypen verwandelt hat, beginnt es, dem Meerwasser Kalk zu entziehen und sich daraus ein Außenskelett zu bauen. Nach einer Weile wirken dessen verzweigte „Bäumchen" wie ein Unterwasserwald, der nicht nur polypenfressenden Fischen Nahrung und Unterschlupf bietet, sondern mit seinen Buchten und Spalten auch Heimat für die vielen riffbewohnenden Fische, Seeigel, Seesterne, Krebse, Muscheln und Schnecken ist. Manchmal aber kann der Korallenwald zur tödlichen Falle werden. Einige Tiere, die ständig im Riff leben, z.B. Krabben oder Weichtiere, heften sich oft in Höhlen und Spalten fest und werden dann durch weiteres Korallenwachstum lebendig eingemauert.

Zu den beeindruckenden Riesen des Riffs gehört die Riesenmuschel *(Tridacna gigas)*, die einen Schalendurchmesser von über einem Meter und ein Gewicht von über 200 Kilogramm erreichen kann. Fest im Riff eingebettet, öffnet sie ihre beiden Schalenhälften hin zum Licht. Auf diese Weise werden ihre Weichteile sichtbar, die dann als sogenannter Mantel über die Schalenränder hervorquellen und Lebensraum für kleine einzellige symbiontische Algen sind. Durch sie bekommt der Mantel eine blaugrüne Farbe. Die Algen beziehen ihre Nährstoffe von der Muschel, im Gegenzug liefern sie ihrer Ernährerin Sauerstoff für die Atmung. Vermehren sich die Algen zu stark, verdaut die Muschel einfach den Algenüberschuß.

Auch das Leben im Riff kennt unterschiedliche Jahreszeiten. Fische aus tieferen Gewässern, Schildkröten und Wirbellose wandern zur Fortpflanzung in die seichteren Riffgewässer. Dort finden sie Schutz und ein reichhaltiges Nahrungsangebot für ihren Nachwuchs. Ständige Riffbewohner kommen zu unterschiedlichen Tageszeiten aus ihren Verstecken. So gibt es hier, wie auf dem Festland, tag- und nachtaktive Tiere.

Korallen bieten nicht nur als lebende Tiere eine Lebensgrundlage für andere Lebewesen. Abgebrochene Skelettreste werden von Wind und Wellen an den Strand gespült und dort zu nährstoffreichem Korallensand zermahlen, in dem vom Wasser herangetragene Samen keimen können. So entstehen Koralleninseln mit ihrem typischen Palmenbewuchs. Dort siedeln sich dann Seevögel und Schildkröten an, die auf der Suche nach Nahrung und Nistmaterial wiederum das Riff nutzen.

Durch ständige Regeneration ist das Riff Lebensgrundlage für eine unglaubliche Vielfalt von Tieren. Sein Artenreichtum ist ohnegleichen.

47 Schwammkrusten, Korallen und Seefächer kennzeichnen den Übergang eines äußeren Riffsaumes zu einer steilen Klippenwand der Turks- und Caicos-Inseln.

48 Diese Seegurke oder Seewalze ist ein Stachelhäuter (Echinodermata) *und eine Verwandte der Seesterne, Seelilien und Seeigel. Mancherorts sammelt man bestimmte Seewalzenarten, trocknet sie und verarbeitet sie zu Trepang, der z.B. in Japan und China als Suppeneinlage dient.*

49 Im Roten Meer: Ein leuchtendvioletter Fisch sucht Zuflucht im Schutz eines großen becherförmigen Schwammes.

50 Schwämme (Porifera) *wie dieses Riesenexemplar vor Flores (Indonesien) zählen zu den einfachsten vielzelligen Tieren* (Metazoa). *Sie ernähren sich von Kleinstlebewesen, die sie durch Einstrudeln von Wasser ins Innere ihres Körpers spülen.*

51 Eine weiße Muräne versperrt einem Taucher im Meer vor Oman den Weg. Muränen zählen zu den unheimlichsten und furchterregendsten Bewohnern des Riffs. Tagsüber ruhen sie in Riffspalten, wo sie auf vorbeischwimmende kleine Fische und andere Beutetiere lauern. Ihre aktive Zeit ist jedoch nachts, wenn sie zusammen mit den Riffhaien auf die Jagd gehen. Ihre scharfen Zähne und ihr teilweise giftiger Speichel können auch dem Menschen äußerst gefährlich werden, so daß sich jeder erfahrene Taucher vor ihnen in acht nimmt.

52 Zwei gelbe Lichtkleckse im tintenblauen Wasser des Roten Meeres. Ohne sich von dem Taucher auch nur im geringsten Maße stören zu lassen, „flanieren“ die beiden Blaumaskengaukler (Chaetodon larvatus) *unbekümmert durch ihr Unterwasserparadies.*

53 Der Gemeine Tintenfisch (Sepia officinalis) *gehört wie die Kraken und die Kalmare zu den Kopffüßern* (Cephalopoda).

54 In einem Riff des Ari-Atolls (Alifu/Malediven) genießt eine Süßlippe die Dienste eines Putzerfisches.

55 In ihrer grellen Streifenzeichnung und den lang ausgezogenen federartigen Flossen sind Rotfeuerfische (Pterois) *bizarre Schönheiten. Doch die mäjestätische Ruhe, mit der dieses Exemplar quasi durchs Wasser schwebt, ist trügerisch. Rotfeuerfische sind gierige, gefräßige Räuber und zudem äußerst wehrhaft. Ihre Flossenstrahlen enthalten ein tödliches Gift.*

56 Kein Stein, sondern ein Fisch liegt hier eingegraben am Meeresgrund. In dieser Lauerstellung sind Steinfische für ihre ahnungslose Beute praktisch unsichtbar. Steinfische besitzen ein tödliches Gift, das sie über ihre Rückenflossenstacheln injizieren können.

57 Der prächtige Juwelenzackenbarsch ist ein Einzelgänger. Oft bewohnt dieser Raubfisch über Jahre ein und dieselbe Riffhöhle.

58 Auf der Suche nach Korallenpolypen zum Abknabbern schwimmt dieser Drückerfisch über einem Riff des Ari-Atolls (Malediven).

59 In einem bunten Korallengarten mit krustenförmigen Korallen, Schwämmen und Algen schwimmt dieser Soldatenfisch. Im Vordergrund sieht man eine große baumartige Lederkoralle.

60 Die schönsten Kreationen schafft allein die Natur. Auf einer orangefarbenen Hornkoralle im Südchinesischen Meer haben sich diese prachtvollen Haarsterne niedergelassen.

61 Diese imponierende Erscheinung, die hier mit ihren fünf Armen über einen Schwammrasen des Ari-Atolls gleitet, ist ein Seestern. Die urnenförmigen Schwämme strudeln über die kleinen sternförmigen Poren Wasser mit Nahrungsteilchen ein. Das „Abwasser" wird über die große Öffnung an der Urnenspitze ausgeschieden.

62 Dieser Seestern (Fromia) *kriecht auf Nahrungssuche über ein Malediven-Riff. Er jagt Weichtiere und andere kleine Riffbewohner.*

63 Ein Blick auf die Unterseite dieses gar nicht sternförmigen Polstersterns enthüllt die fünfstrahlige Radiärsymmetrie, die für die Stachelhäuter (Echinodermata) *kennzeichnend ist. Zu diesem Tierstamm gehören Seelilien, Haar- oder Federsterne, Seewalzen, Seeigel, Seesterne und Schlangensterne.*

64 Dieser wunderschön anzusehende Haarstern hält sich mit seinen roten Zirren an einer Unterlage fest und schwingt die federartigen Arme durchs Wasser eines Riffs vor der Insel Ko, Phuket (Thailand), um Nahrungsteilchen herauszufangen.

65 Fadenschnecken ernähren sich von Nesseltieren, wie beispielsweise Seeanemonen. Beim Verzehr derselben macht sich die Schnecke die giftigen Nesselkapselzellen zunutze, indem sie sie in ihren Rückenfortsätzen einspeichert, die förmlich explodieren, sobald sich feindliche Fische an dieser um Borneo beheimateten Chromodoris bullocki *vergreifen wollen.*

66 Zwei ebenso auffällig gefärbte wie ungenießbare Nacktkiemerschnecken kriechen über einen roten Schwamm. Wahrscheinlich ernähren sie sich von dessen Gewebe.

67 Diese Phyllidia *mit der warzigen Lederhaut scheidet einen hochgiftigen Schleim ab, der für allzu neugierige Fische tödlich sein kann.*

68 Auge in Auge mit einer Suppenschildkröte: Sie verbringt die meiste Zeit ihres Lebens im Meer. Zur Eiablage aber kehrt sie – meist nachts – zum Sandstrand jener Koralleninsel zurück, an dem sie einst selbst aus dem Ei geschlüpft ist.

69 Eine Suppenschildkröte rastet in einer geschützten Korallengrotte im Roten Meer. Algen und Tange des Riffs bieten ihr reichhaltige Nahrung.

70 Bei dieser Riesenmuschel (Tridacna gigas) *kann man schön die zwischen den beiden Schalenhälften hervorquellenden, fleischigen Mantelränder erkennen.*

71 Diese Porzellankrabbe aus Neuguinea gehört zu den Aasfressern des Riffs. Bei Gefahr kann sie ihre Beine abwerfen.

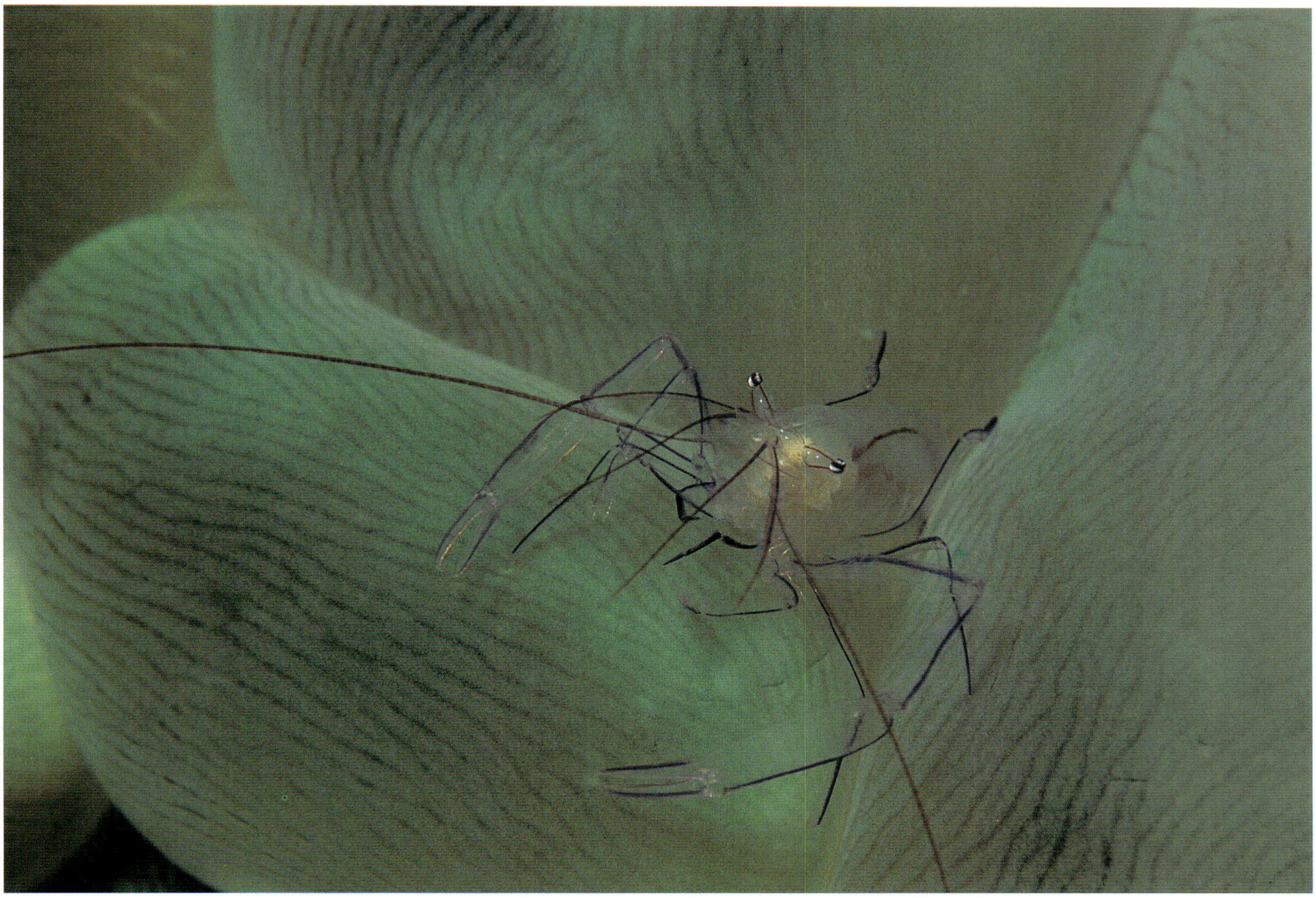

72 Man muß schon ganz genau hinsehen, um dieses durchscheinende Tier auszumachen, bei dem es sich um eine Garnele der Gattung Periclimenes *handelt. Diese Garnelen leben als „Tischgenossen“ auf Korallen, Seeanemonen und Seesternen. In ihrer transparenten Gestalt sind sie für Feinde fast unsichtbar.*

73 Diese indonesische Periclimenes-*Garnele hat sich auf einer Blasenkoralle* (Plerogyra) *niedergelassen. Ihre durchsichtige, glasartige Gestalt wirkt fast ein wenig unwirklich.*

74–75 Ein Schwarm rot-blauer Füsiliere durchstreift die Korallenriffe des Felidhoo-Atolls (Vaavu/Malediven).

76 Im Meer vor Neuguinea sucht ein niedlicher Clown- oder Anemonenfisch (Gattung Amphiprion*) Zuflucht in den nesselnden Tentakeln einer Seeanemone.*

77 Viele Fischarten bilden große Schwärme. Für Räuber geben sie in dieser Formation ein wesentlich schlechteres Angriffsziel ab, als wenn sie für sich allein schwimmen würden.

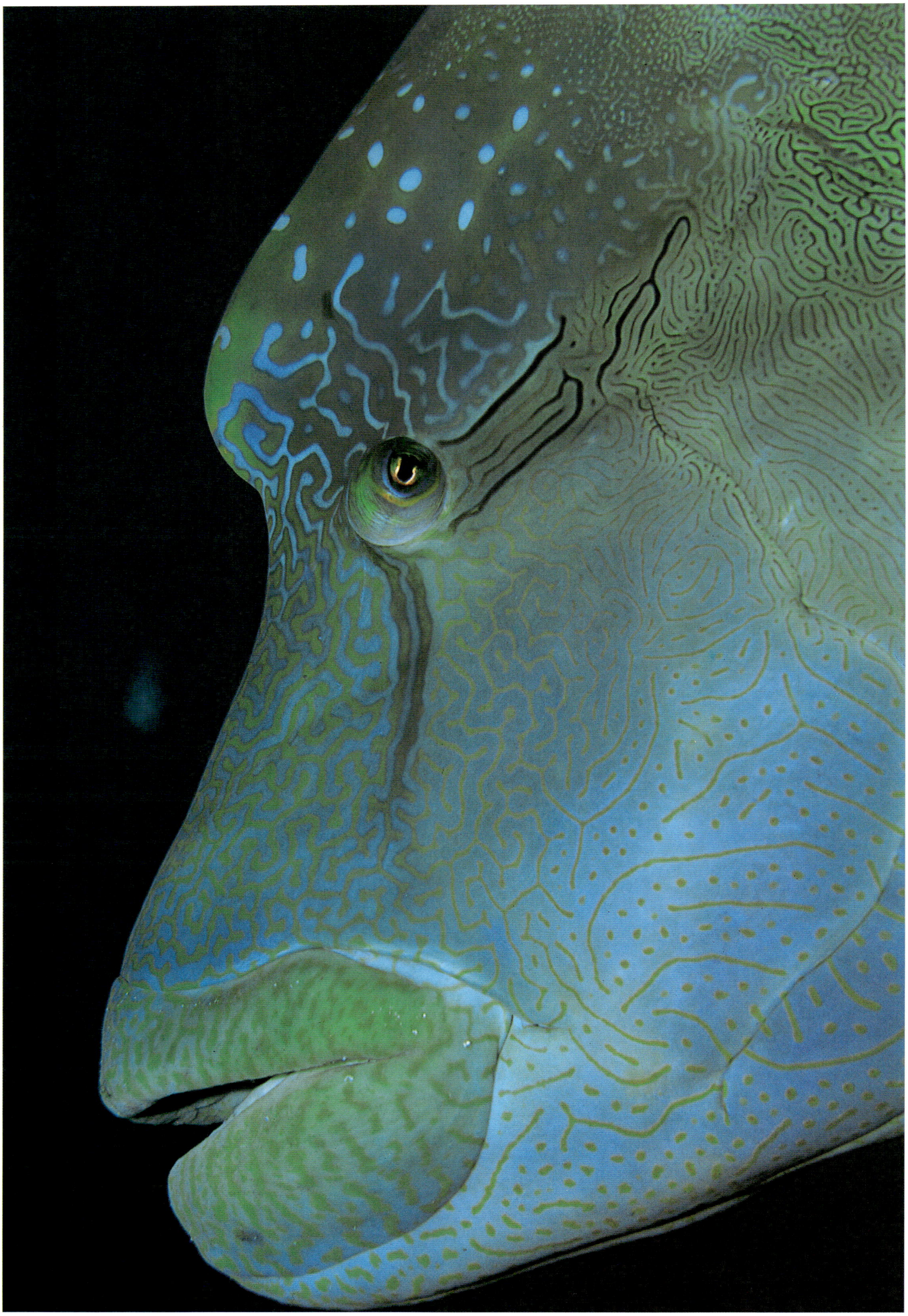

78 Mit seinem schnabelähnlichen Maul wühlt der bis zu 2,30 m große, beulenköpfige Napoleonfisch im Korallenschutt nach Würmern und Schalentieren.

79 Graziös schwimmt ein ausnehmend schöner Herzogfisch (Pyrgoplites diacanthus) *über einem Maledivenriff.*

80–81 Schwärme von Fischen unterschiedlicher Arten funkeln in einem Riff vor Flores (Indonesien) wie Edelsteine in allen Regenbogenfarben.

RIFFE UND DER MENSCH

Viele Jahrhunderte lang bildeten Korallenriffe die Lebensgrundlage für die Menschen, die in ihrer näheren Umgebung lebten. Zu den traditionellen Nutzungen der Riffe durch den Menschen gehörten Fischfang, das Brechen von Korallen als Baumaterial, das Sammeln von Seegurken für die Trepangherstellung und das Fischen von Muscheln zum Essen und als Produzenten von Naturperlen. Über Jahrhunderte entwickelten die Inselbewohner Methoden, die den Menschen nutzten, ohne der Natur zu schaden. Was dem Riff entnommen wurde, konnte wieder nachwachsen.

Wie schon erwähnt, sind die Korallenriffe die wohl artenreichsten Lebensräume des Meeres. Hier lebt etwa ein Drittel aller bekannten Fischarten. Mangrovenwälder, die entlang der Küsten und Riffebenen entstehen, bieten zusätzliche Reichtümer. Die Bäume vertragen die hohen Salz- und niedrigen Sauerstoffkonzentrationen der Küstengewässer. In diesen Lebensräumen finden sich viele Krebse, Muscheln, Schnecken und Fische. So stellen sie eine zusätzliche Nahrungsquelle für die Inselbewohner dar. Zudem halten die Mangroven in ihrem verzweigten Wurzelwerk Schlamm fest und verhindern damit die Küstenerosion.

Die Ureinwohner dieser Inseln, die Mikronesier, Melanesier und Polynesier, sind geschickte Fischer, die das Angebot des Meeres nutzen, ebenso wie die Vögel und Schildkröten der Inseln. Als hervorragende Seefahrer legten sie in ihren Kanus weite Strecken übers Meer zurück und breiteten sich so in weiten Teilen des Pazifiks aus. Wo es an Steinen mangelte, nutzten sie Muscheln, Schnecken und Korallen als Baumaterial. Aus Korallen fertigte man auch Äxte, Messer, Haken, Trinkgefäße, Löffel, Geld und Schmuck.

Über die Jahrhunderte hinweg entwickelten die Inselbewohner trotz unterschiedlicher Herkunft überall ein ähnlich harmonisches Verhältnis zur Umwelt. Bei den Polynesiern z.B. steht jedem Menschen von gesellschaftlichem Rang gleichermaßen Land und anderer Besitz zu. Der gesellschaftliche Rang wiederum hängt von der Leistung ab. Frauen und alte Menschen stehen in hohem Ansehen. Die Mikronesier sind geschickte Navigatoren und haben ein Klassensystem, das auf Geburt, nicht auf Leistung beruht. Sie zeichnen sich gegenüber den anderen Inselvölkern durch ihre Töpfer- und Webkunst aus. Die Melanesier haben eine eher von Männern dominierte Gesellschaftsstruktur, der soziale Rang hängt von Reichtum, Führungsqualitäten und politischem Geschick ab.

Von der ersten Besiedlung der Insel bis zu Cooks Entdeckungsreisen Ende des 18. Jahrhunderts war die Nutzung der Riffe durch die Inselbewohner sanft und schonend. Durch den Kontakt mit der westlichen Kultur und die zunehmende Übervölkerung ist dieses Gleichgewicht heute jedoch gestört.

83 Stolz präsentiert ein maledivischer Fischer vom Male-Nordatoll seinen Fang.

84–85 Malediven-Insulaner sammeln Korallen für die heimatlichen Kalkbrennöfen.

86 Ein junger Fischer von den Turks- und Caicos-Inseln mit einem beachtlichen Fisch, den er gerade in einem Riff vor der Küste ertaucht hat.

87 Ein köstliches Abendessen gibt dieser vor der Pigeon-Insel (Südwestindien) gefangene bunte Hummer ab.

88 Vor Sabah (Nordborneo/Malaysia) bereitet ein Fischer sein Perahu, ein für die Region typisches Fischerboot, auf die Ausfahrt vor.

89 Auf vielen Koralleninseln sind Steine rar. Daher errichtet man Gebäude und Mauern oft, wie hier auf den Malediven, aus Korallenbruch.

90 In tropischen und subtropischen Meeren sind die Küsten oft mit Mangroven bewachsen, jenen seltsamen Bäumen, deren Samen schon vor dem Abfallen auskeimen und erst abgeworfen werden, wenn sie ca. 25 cm lang sind. Nach dem Abfallen treiben sie im Wasser, bis die neuen Wurzeln irgendwo festen Boden finden, in dem sie sich verankern können. Diese Art der Vermehrung vermittelt den Eindruck, als würden die rasch wachsenden Mangrovenbäume auf Stelzen im Wasser stehen. Aber gerade diese Wuzelansammlungen sind es, die erheblich zur Landgewinnung beitragen, da sie jede Menge Schlamm binden, der von den Gezeiten angespült wird.

91 Ein Bahamas-Insulaner bei der Säuberung von Fechterschnecken. Die Gehäuse werden später verkauft, das Fleisch zu Schneckensalat verarbeitet.

92–93 Die Luftwurzeln der Mangrovenbestände versorgen die unter Wasser stehenden Abschnitte mit Sauerstoff.

94 Am Strand von Kota Kinabalu, der Hauptstadt von Sabah (Malaysia), liegen Seegurken zum Trocknen aus. Sie werden später zu Trepang verarbeitet.

95 An Bord eines Fischerboots in El Salvador trocknet Fisch an der Luft.

96–97 An einem Stand auf den Bahamas werden Schneckengehäuse, Korallen und getrocknete Seesterne zum Verkauf angeboten.

Conch
SHELLS
For
$1.00

58080 0
Scott

DIE ZUKUNFT DER RIFFE

Aufgrund des langsamen Wachstums der Korallen können sich Riffe nur schwer regenerieren. Außerdem haben sie durch ihre feste Verankerung an einem Ort nicht die Möglichkeit, sich in andere, ruhigere Gewässer zurückzuziehen, was sie für negative Umwelteinwirkungen, wie die zunehmende Wasserverschmutzung und den wachsenden Tourismus, wesentlich anfälliger macht.

Eine weitere Gefahrenquelle für die Korallen, wenn auch eher indirekt, liegt in der weltweiten Überfischung unserer Meere. Durch sie ist der Fischbestand der Oberflächengewässer zum Teil bis an den Rand der Ausrottung reduziert worden. Als Folge davon richtet sich das Augenmerk der Fischereiindustrie heute zunehmend auf Arten der Tiefsee, mit oftmals verhängnisvollen Auswirkungen für andere Meereslebewesen, wie beispielsweise die nordatlantischen *Lophelia*-Kolonien, die sich immer häufiger in Tiefsee-Schleppnetzen verfangen.

So kann eine Lebensgemeinschaft, deren arteigene Fauna und Flora oft 300 bis 400 Jahre brauchte, um sich zu entwicklen, innerhalb von Minuten zerstört werden. Vielleicht noch tragischer ist die Schädigung der artenreichen, großen Riffgemeinschaften, wie beispielsweise des Großen Barriere-Riffs vor Australien, dessen Entstehungszeit teilweise bis zu 10 000 Jahre dauerte.

Aber auch die weltweite Mobilität, ermöglicht durch die Massenverkehrsmittel, und die damit einhergehende Zunahme des Tourismus tragen erheblich zur Gefährdung der Korallen bei, denn die Entwicklung von Ferienzentren an der Küste, der Bau von Häfen und Flughäfen werden oft ohne Rücksicht auf die Umwelt verwirklicht, und oft zerstört man damit gerade die natürlichen Reize, die ursprünglich die Anziehungskraft einer Region ausmachten.

Weitere Gefahren bringt die Verschmutzung der Gewässer mit Müll, Abwässern, Öl und anderen Umweltgiften, die durch Einleitung oder durch eine Schiffshavarie ins Wasser gelangen. Schlimmer noch: Manchmal vergrößern sogar die Maßnahmen, die zur Behebung der Verschmutzung eingeleitet werden, den Schaden.

Heute sorgen sich immer mehr Menschen um die Korallenriffe, und es gibt internationale Initiativen zur Entwicklung von Sicherheitsvorschriften für Schiffe. Auch bei der Erforschung der Einflüsse des Menschen auf die Riffgemeinschaften arbeitet man auf internationaler Ebene zusammen, ebenso wie bei der Einrichtung mariner Naturschutzgebiete. Diese Schutzgebiete können als Kinderstube für wirtschaftlich wichtige Fischarten dienen und sind so angelegt, daß sie eine möglichst große Ökosystemdiversität aufweisen.

Man kann nur hoffen, daß diese ersten Maßnahmen zu einer kontrollierten Nutzung mariner Ressourcen allen gerecht werden, die die Gewässer nutzen, und daß Zucht- und Regenerationsprogramme einen ersten Schritt auf dem Weg zur Wiederbelebung einst blühender Korallenriffe bedeuten, damit diese einzigartigen Paradiese erhalten bleiben.

99 Auf einem alten Anker können Korallen und andere Meerestiere wachsen. Leider sind aber die meisten Abfälle des Menschen für das Leben im Meer weniger gut.

***100–101** Ein Schwarm bunter Fische verschiedener Arten schwimmt über korallenbewachsenen Wagenrädern im Roten Meer.*

***102** Da alternative Baustoffe auf den Malediven rar sind, werden selbst die Fundamente für einen Abwasserfluß wie hier aus toten Korallen errichtet. Zur besseren Stabilität des Fundaments sind die Korallen von Metallgittern umschlossen.*

***103** Ein Blick auf ein bei Niedrigwasser teilweise freiliegendes flaches Riff der Malediven.*

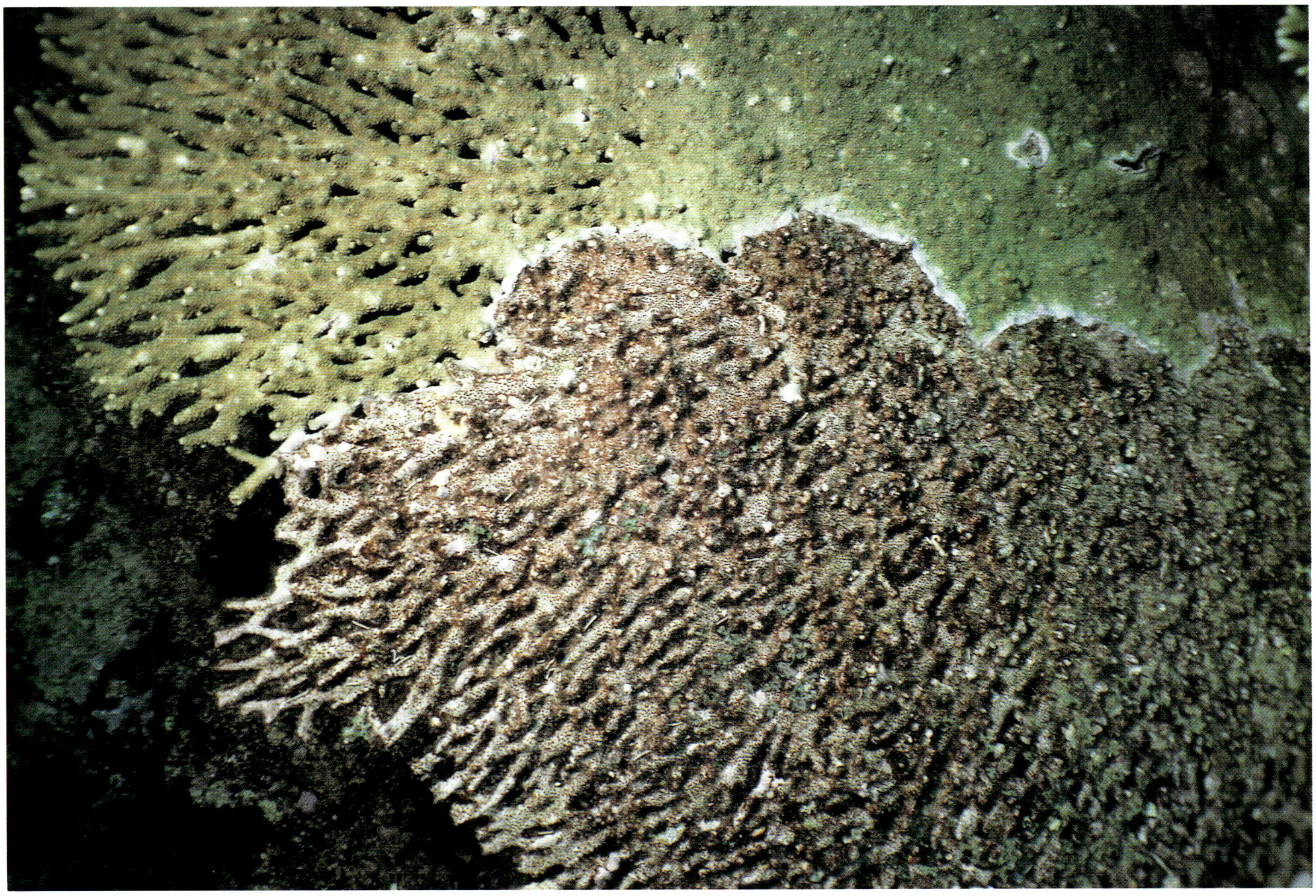

104–105 Die Nutzungsmöglichkeiten der Korallen durch den Menschen sind vielfältig. Hier haben die Menschen einer Malediveninsel aus Korallen eines heimischen Riffs eine Mole gebaut.

106 Umgekehrt machen sich aber auch die Korallen so manche Errungenschaften der Zivilisation zunutze. Hier liegt auf einem Malediven-Riff eine alte Blechdose, eingebettet in abgestorbene, schlickbedeckte Korallen.

107 Die lebenden grünen Bereiche einer Kolonie verzweigter Bäumchenkorallen (Acropora) vor den Andamanen kontrastieren mit den grau-weißen Skeletten abgestorbener Äste.

108 Eine tote Korallenkolonie, begraben unter einer erstickenden Sediment- und Algenschicht.

109 Bei dieser Kolonie von Plerogyra sinuosa *sieht man lebende Polypen mit ihren grünen symbiontischen Algen, aber auch ausgebleichte, tote Bereiche, die auf den kranken Gesamtzustand der Kolonie schließen lassen.*

110 Eine heimtückische Bedrohung für jedes Korallenriff ist die Dornenkrone (Acanthaster planci). *Dieser räuberiche Stachelseestern, hier ein Exemplar aus dem Roten Meer, tritt in manchen Jahren in Massen auf und verschlingt mit unersättlicher Gier ganze Korallenkolonien, wodurch weitere Teile eines Riffs abgetötet werden. Als einen Grund für die Massenvermehrung vermutet man die Dezimierung seiner natürlichen Freßfeinde.*

111 *Nahaufnahme der Füßchen einer Dornenkrone von den Fidschi-Inseln im Pazifik.*

112–113 *Eine Luftaufnahme des beeindruckenden Arlington-Riffs vor Nord-Queensland. Dieses Riff gehört zum Schutzgebiet des australischen Great Barrier Reef Marine Reserve.*

114–115 Auf dieser Luftaufnahme der Südspitze der Gesellschaftsinsel Raiatea kann man sehr schön die Küstenlagune, die das äußere Korallenriff vom Strand trennt, erkennen.

116 Diese Luftaufnahme zeigt die ungünstigen Auswirkungen künstlicher Eindeichungen auf Mangroven und Küstenlebensräume auf den Seychellen.

117 Ein Anemonenfisch versteckt sich zwischen den Tentakeln einer Riesenaktinie im Roten Meer. Aufgrund des zunehmenden Interesses an tropischen Fischen sind hübsche Arten wie diese durch Wildfänge für den Tierhandel bedroht.

118–119 Diese Koralleninseln im Indischen Ozean gehören zu den Seychellen. Ein Blick auf die Lagune zwischen den beiden Inseln vermittelt einen Eindruck von den unterschiedlichen Wassertiefen.

120 Durch die Fenster eines Tauchbootes betrachten Touristen die Wunder des australischen Großen Barriere-Riffs.

121 Touristen auf einer Schiffsexkursion zu den Riffen von Hurghada im Roten Meer.

122–123 Schüler einer höheren Schule lernen während eines einwöchigen Kurses am australischen Großen Barriere-Riff vor Heron Island das Ökosystem der Korallen kennen.

AIR

Tabata